シリーズ・女の幸せを求めて
生長の家『白鳩』体験手記選③

難病が消えた

日本教文社編

日本教文社

目次

装幀　松下晴美

編者はしがき

この「シリーズ・女の幸せを求めて　生長の家『白鳩』体験手記選」は、生長の家にふれて、幸せを得た女性の体験を紹介する、小社刊行の『白鳩』誌の「体験手記」をテーマ別に精選編纂したものです。本書中の年齢・職業・役職等は同誌に掲載された当時のもので、手記の初出年月はそれぞれの末尾に明記してあります。

シリーズ第三巻の本書は、生長の家の信仰によって難病を克服し、現在では明るい人生を歩んでおられる女性の手記を紹介します。難病をきっかけとして生長の家の教えを真剣に学ぶなかで、医学では不可能と思われた治癒が見事に実現した貴重な体験を紙上に再現します。本書が、読者の一層の健康生活のための一助となることを願って止みません。

日本教文社第二編集部

足が、背骨が、耳まで治った
――思いもかけぬ三つの「奇蹟」

京都市北区　松浦八代子《まつうらやよこ》（68歳）

生長の家の行事に初めて参加した平成十四年二月から、わずか一年半の間に、足の激痛で寝たきりになったりしていた生活から立ち上がり、背骨が突き出ていたために横向きでしか眠れなかったのが普通に眠れるようになり、そして幼児の頃から聞こえなかった右耳が聞こえるようになった。ローンの支払いに苦しんでいた生活も今では安定し、病気だった面影は無論なく、元気に幸せを感じる日々となっている。

そもそも私が平成十四年二月に、生長の家講習会*に参加してみようと思ったきっかけは、二十年来のお友達である尾崎尚子《なおこ》さんからお誘いを受けたからです。そのときは「何度か誘ってもらっているし、一度ぐらいは行ってみようか」という程度の気持ちでした。それ以前にも尾崎さんにお誘いされたことはあったのですが、正直に申せば「宗教に入ったら高額の会費を取られるし、いったん入信してしまったら、二度と脱会することができなくなるのでは？」という不安感があり、なかなかお誘いに応ずることが出来ませんでした。しかし、知り合ってから二十年という長い歳月の中で起こった数々の問題や悩みに対して、親身になって相談を聞いてくれた友人からの誘いを断り続けて、仲が気まずくなるのも嫌だったので、思い切って参加することにしたのです。

今思えば、その講習会に向かうバスの中で偶然隣り合った方に、「会費はいくらなんですか？」などと質問をしたことに顔が赤らむ思いですが、生活費と住宅ローンの返済にギリギリまで追われていた私にとって、金銭的な負担は気にかかることでした。

夫は失踪、身体にも異変

職場の同僚だった尾崎さんと、従業員食堂でたまたま隣り合うことが続いたのがきっかけで、仲良くなった二十年ほど前に遡《さかのぼ》ります。

公務員という堅い職に就いていた主人が、二十年近く前のある日突然、誰にも何も告

足が、背骨が、耳まで治った——思いもかけぬ三つの「奇蹟」

「生長の家のみ教えによって病気が治ったことに感謝しています」と松浦さん。愛犬の太郎と

げないまま家を出て行ってしまったのです。私と、就学中の三人の子供たち、そして新築して間もない家のローンを残して……。

優しい主人にすべてを頼り切っていた私は途方に暮れました。主人が出て行った理由が分からなかったので、はじめの何日かは「仕事の関係で連絡できない状態にあるんだろうか？」とか、「もしかして交通事故にでも遭って、身元が分からないまま放置されているんじゃないだろうか？」とか、いろんなことを考えました。が、一週間が過ぎても二週間が過ぎても、何の連絡もなく、いっこうに帰ってくる気配がないのです。

そうこうするうちに家のローンの支払いがやってきます。ほとんど主人の給料で生活していたので、私の少ない給料ではとてもローンの支払いと生計をまかなうだけの余裕がありません。それが一ヵ月過ぎ、二ヵ月、三ヵ月と続くと、貯金も底をついてしまいました。

当時、社会人になったばかりの長女も自分の給料を全部入れてくれ、高校や中学に通っていた長男や次男も新聞配達をするなど子供たちも必死で手伝ってくれたのですが、ローンの支払いを済ませたら生活できなくなってしまう状態でした。私自身も毎日残業をしました。職場の誰かが休みを取りたいと聞けば、「私が代わってあげる」と、ほとんど休むことなく何年間も働き続けました。

主人が家を出て行ってしまったことを恨《うら》む余裕もないほど、働き続けていたのですが、何年間もそんな状態で過ごしていると、身体に異変をきたしてしまいました。

私はデパートの販売員で、立ち仕事ですが、疲労が溜《た》まりすぎて左足の付け根から足首までが痺《しび》れるようになり、とても立っていられないほどの痛みが押し寄せてきたのです。医師にレントゲンを撮ってもらっても、原因が分からず、治してもらえません。痛みをこらえて働き続けると、次には左足をかばったせいで、背骨に痛みがやってきました。それでも働かなければいけません。家のローンは支払いが始まって間もないし、子供たちの教育費もかかりました。

当時、月に一度ほど会っていた尾崎さんに愚痴《ぐち》を聞いてもらうと、「ご主人を恨んではいけない」とおっしゃいましたが、私は「人のことだから、そんな甘いことが言えるんだ」と思いました。

足の付け根から足首まで、ごますり棒をねじ込んで行くような激痛に苦しみ、夜も二〜三時間しか眠れませんでした。あまりの痛さに歩行が困難になり、何回か寝たきりの生活に陥ってしまいました。当然、収入も減ります。どうにかして痛みを和らげることができないかと、病院を転々としました。病名はそれぞれ変わるのですが、時間と治療費がかさむばかりで、まったくよくならないのでした。

そんな状態でしたから、平成十四年二月に尾崎さんから何度目かの講習会へのお誘いがあったときに、「行ってみよう」という気持ちになったのかもしれません。初めての講習会では、特にこれといった感激などはなかったのですが、講習会後に、会費（生長の家聖使命会*護持会費）が四百円という安さから、生長の家に参加してみることにしました。

そして、翌三月に初めて、地域で開かれている「誌友会*」に参加しました。そのとき、講師として来られた辻和子先生の「マイナスの心をプラスにしていこう」という内容のお話を聞いて感動を覚えました。

また、誌友会に参加する前までは、年配の方ばかりが集まっていると思っていたのに、辻先生が赤紫のスーツをビシッと決められて、ものすごく若々しく見えたことで、これが生長の家の教えのたまものなのだ、と感じ取ることが出来たのです。

「生長の家には、お金じゃ買えない何かがある」ことを感じて、翌四月の京都練成会《れんせいかい》*に参加しました。

歩けるようになった!

この練成会のとき、ご一緒されるはずだった尾崎さんが、遅れて来ることになり、独りぼっちという意識で少々不安だったのですが、会場の生長の家京都教化部*の玄関に着いたとたん、「お待ちしていました。よくいらっしゃいました。ここに来たんだから、あなたはもう大丈夫。病気が治りますよ」と言いながら、笑って足の不自由な私を抱きかかえてくれた方がいました。

その人が、その後も本当に親身になってお世話してくださっている中江恭子《きょうこ》さんでした。中江さんのこの暖かい行動で、私の不安は一瞬にして消え去ったのです。

そして三日間の練成会を終えて帰ろうとしたとき、不思議なことに私は重い荷物を持ったまま歩いているのです。

「なぜ私は歩いているのだろう？」と不思議な思いでいっぱいになりました。この練成会に来る直前まで、足と背骨の痛みがとてもひどくて、杖をつかないと歩行が困難だったのです。それなのに帰りには重い荷物を両手に持ったまま、ちゃんと歩けるのです。

「これはきっと、この練成会で行われた〝祈り合いの神想観《しんそうかん》〟＊で、指導された木場一廣《こばかずひろ》・教化部長や、参加された皆様方にお祈りしていただいたお蔭《かげ》なのだ」と思えました。

五月に行われた練成会にも、私は続けて参加しましたが、今度は右側が五センチ位飛び出る形で変形していた背骨が良くなったのです。

それまで夜寝るとき、上向きになると骨が出ているので、すぐ横に倒れてしまい、常に横向きに寝ていたのですが、練成会の途中で、いつの間にか上向きに寝ている自分にハッと気がついたのです。急いで起きあがって鏡を見ると、五センチ飛び出ていた骨が一センチほどになっていました。夢かと思い、家に帰ってからも背中を何度もくねらせて確かめましたが、やはり治っていました。

「神様だ！　神様ありがとうございます」。嬉《うれ》しくて嬉しくて、大粒の涙が止めどなく溢《あふ》れ出ました。「あれだけお金を使って病院に行っても治らなかったのに、なぜ練成会で治ったんだろう？」という思いがますます強くなり、それを機会に生長の家の書物を数多く読むようになりました。

そして、六月に参加した三回目の練成会三日目でした。二、三歳の頃に中耳炎の手術で右耳の鼓膜がなくなり、全く聞こえなくなっていたのに、テレビの音が右の方角から聞こえてくるのです。「おかしいな。右耳は聞こえないはずなのに……」と不思議に思って、左耳に指で栓をしました。するとどうでしょう！　よく音が聞こえるのです。私はしばらくの間、信じられませんでした。

もう独りぼっちじゃない

〝一度目は足、二度目は背骨、そして三度目の今回は耳が治ったのです〟。

初めての練成会の時に、「あなたはもう大丈夫。ここへ来たからにはあとは治るだけですよ」と言われたことが次々と実現していきました。

「生長の家のみ教えは、本当に素晴らしい素晴らしい魂の源で、私の魂の故郷だな！」

というのが私の実感でした。

「こんなに値打ちがある神様のお話、永遠の生命のお話が聞けるのに、聞き逃すのはもったいない。今聞く機会を与えてもらったのなら、今聞きたい。おまけにそこには素晴らしい仲間がたくさんいる」

こんな風に私の気持ちがどんどん変わっていきました。そして、「相手の悪いところではなく良いところを見なさい。神様が創《つく》られたままの実相（ほんとのすがた）を見なさい。」と教えていただくことによって、自分自身に対しても「病気は自分が作っていたんだ。神様に感謝し、人に感謝すれば妬《ねた》みや恨みもなくなる」ことが分かりました。

ローンも今は残りわずか。あんなに苦しんでいたのがウソのようで、「財産なんてなくても幸せだ」と思えるようになってきたのです。練成会に参加したり、生長の家の書物を購入したりするのには、それなりにお金がかかりますが、「天に貯金しているんだ」と信じられるようにもなりました。

今では、毎朝毎晩、生長の家創始者・谷口雅春《まさはる》先生*のお写真を眺めて、いろんなことを話しかけさせてもらっています。「今月は練成会に行くお金がありませんが、来月はきっとなんとか行けるようになります」と話しかけたら、偶然にも遠くに嫁いだ長女から電話が入り、「すぐに郵便局に入金するから、いますぐ化粧をして着替えて、今月の練成会に行きなさい」と言われたこともあります。

私は今、「生長の家のみ教えによって病気が治ったことに感謝し、本当に幸せです。この感謝の気持ちを一人でも多くの皆さんに伝え、谷口雅春先生がはじめられた人類光明化運動のお役に立たせてください」と先生のお写真にお話ししているのです。

（平成十五年七月号　撮影／近藤陽介）

＊生長の家講習会＝生長の家総裁、副総裁が直接指導する生長の家の講習会。現在は、谷口雅宣副総裁、谷口純子生長の家白鳩会副総裁が直接指導に当たっている。
＊生長の家聖使命会＝生長の家の運動に賛同して、月々一定額の献資をする人々の集まり。
＊誌友会＝生長の家の聖典や月刊誌をテキストに教えを学ぶ信徒のつどい。
＊練成会＝合宿形式で生長の家の教えを学び、実践するつどい。全国各地で毎月行われている。お問い合わせ先は、巻末の「生長の家練成会案内」「生長の家教化部一覧」を参照。
＊教化部＝生長の家の地方における布教、伝道の拠点。巻末の「生長の家教化部一覧」を参照。
＊祈り合いの神想観＝病気や様々な悩みを抱えた人の問題解決のため、お互いに祈り合う行事。
＊谷口雅春先生＝明治二十六年、神戸市生まれ。昭和五年に「生長の家」誌を創刊。以後、「生長の家」の教えを全世界に宣布する。昭和六十年に満九十一歳にて昇天。

狭心症から立ち上がり
健康と感謝の心を取り戻した私

川崎市宮前区　飯塚季子《いいづかすえこ》（64歳）

まるで死の宣告のように

忘れもしません。あれは、今からほぼ二十年前の昭和四十七年のことです。私は、電子部品関係の会社に勤める夫と、十九歳の長女、十五歳の次女とに囲《かこ》まれ、健康面での心配など何一つない幸せな家庭の主婦でした。働くことが大好きな元気いっぱいの四十三歳。あの、八月一日の朝が来るまでは…。

その体の不調は本当に突然やってきました。妙にだるかったので、ビタミン剤でも注射してもらおうかと、気軽な気分で近所の病院に出かけたのです。注射のあと三十分ほど病院のベッドで休んでから、迎えにきてくれた次女とともに家に戻ってきました。が、家の玄関にたどりつくやいなや、急に私の意識は遠のいていき、気づいたときには、近くにある大きな病院のベッドの上に寝かされていたのです。きっと疲れがたまっていたのだろうから、この際、休養がてら検査してもらいましょうという気持で、十日ほど入院することになりました。

二、三日して、私の隣のベッドに、新しい患者さんが運びこまれてきました。聞けば、私と同じ年の女性。その人が検査に行っている間に、つきそいの人が私にいいました。

「今の人ね、〝狭心症〟なのよ。人とお茶を飲んでいても、夜、眠っている間でも、いつポックリいくかわからない恐ろしい病気なの。お若いのに、かわいそうにねえ…」

まあ、かわいそうに、と、そのときの私は思いました。

それから四、五日後です。お医者さんが私の心電図を見ながら、「あなたは〝狭心症〟です」と告げたのは！　自分の耳を疑いました。そのときの恐ろしさといったら、どういい表したらいいのでしょう。全身が凍《こお》りついていくように感じられました。そんな私に追い打ちをかけるように、白い錠剤《じょうざい》が手渡され、

「これをトイレに行くときでも、どこへ行くときでも、肌身離さず持っていて、発作が起こったら、すぐに舌の裏にいれてください」

その言葉は、「この薬がなければ、あなたはすぐに死んでしまいますよ」と断定されたように私の耳に届きました。

その瞬間から私は立ち上がれなくなってしまったのです。「薬さえ持ち歩いていれば、普通の生活をしていても大丈夫ですよ」といわれ、まもなく退院させられたのですが、家に戻っても、寝たきりのまま。いつでも救急車を呼べるように枕もとに電話をおき、布団を頭から被《かぶ》り、カーテンを締め切った真っ暗な部屋の中に、死の恐怖に怯《おび》えながら、ジッと寝ておりました。今思い出しても本当に恐ろしい毎日でした。

ある日突然〝白鳩〟という言葉が

特に、新聞の死亡通知欄を見たり、カーテンをソッとあけて外を眺め葬儀の花輪が見えたときなど、生きた心地はありませんでした。

私の隣のベッドにいた女性が亡くなったという話を耳にし、それからはほとんど夜も眠れず、ノイローゼ状態のようになってしまいました。八月から九月…あの頃の顔つきは、目がランランとし、頬《ほお》がそげ、どれほどひどかったことでしょう。

自宅近くの小学校で、ご主人の昭二さんと仲むつまじく…

家の外で奥さんたちの楽しげな話し声でもしようものなら、暗い部屋の中で、「私だってああだったのに。なぜいま、私だけが！」と世の中を恨《うら》み、また夫や娘たちが優しくしてくれればくれるほど、「この家族を残して死んでしまうなんて」と涙はとぎれることなく…。〝死〟のことしか考えられない、まさに地獄の日々が続きました。部屋から十歩位のトイレにも、あっちにつかまり、こっちにつかまり、やっとの思いで行く有様でした。

そんなある日の明け方、九月の半《なか》ば頃だったでしょうか、突然、私のもうろうとした意識の中に、〝白鳩〟という言葉が浮かんできたのです。白鳩って、何かしら？

考えているうちに、たしか三年前、知人からいただいた一冊の雑誌の名前だと思い出したのです。書棚の奥にしまったまま忘れてしまっていたその雑誌を、私は夢中で読み始めました。中には、多くの奇蹟の体験が書かれており、狭心症が治ったという方の話も載っていたのです。

ただただ、すごい、すごい！　という驚きでいっぱいになり、私もこの生長の家に入ったら、狭心症が治るかもしれないと思うようになりました。もっと詳しく知りたいと思い、その雑誌の後ろの方に載っていた生長の家本部に問い合わせました。生長の家の講師が近所にいることを教えていただいたのですが、私は動くことができません。そこで主人に代って話を聞きにいってもらったのです。私の悲惨なありさまに、きっと主人も心を傷《いた》めていたのでしょう。戻ってきていうには、早速その場で、親子四人聖使命会に入会してきたとのことでした。

朝はきちんと起きて、朝食を作り、家族を玄関まで見送るときには握手をしましょう。ご先祖をおまつりして、朝晩、感謝の心で『甘露《かんろ》の法雨《ほうう》』（生長の家のお経）を読誦《どくじゅ》しましょう、などとご指導いただいたのです。その頃はまだ家には仏壇はありませんでしたので、半紙にご先祖様と両親の名前を書いて襖《ふすま》に貼《は》り、その前で一日何回も一所懸命『甘露の法雨』を読んでおりました。少しずつですが、恐怖心もうすれていくようになったのです。

講習会の帰り、坂道も楽々と

十一月の三日に生長の家の講習会が横浜であるということを、講師から教えていただいたときは、もう矢《や》も楯《たて》もたまらず行きたくなりました。でも、家から横浜までは、電車を乗り継《つ》ぎ一時間半はかかります。家の中を歩くのがやっとの私は、行けるはずはないと分かっていても、無理にお願いして、午前中だけということで連れていってもらうことにしたのです。

次から次へと発表される不思議なお話の数々。「まあ、すごい。まあ、すごい」という驚きと感激の連続でした。あっという間に正午になり、主人は会社に戻らねばなりません。一緒に帰ろうという主人に、私は、大丈夫だからといい切って、一人残ることにしたのです。不安よりも、もっとお話を聞きたいという思いの方が、はるかに強くなっていたのでした。主人はとても心配しておりましたが、一人で帰りました。

午後からは、糖尿病であと何ヵ月しか生きられないと宣告された男の人が、「私は神の子、完全円満、病《やまい》なし」と何百回と唱《とな》えて病を克服した体験を話されました。大《だい》の男が、涙でグショグショになった顔を、何度も何度もタオルでぬぐいながら。私は〝信仰〟というものについてはまだ分かりませんでしたが、ただ、〝生長の家の人になれば、病気は治るんだ〟と強く信じました。

帰りの電車の中、頭の中に刻《きざ》み込まれた「私は神の子、完全円満、病なし」という言葉を、心でずっと繰《く》り返しました。電車を降り、バスに乗り、そして降りてから家までは、健康な人でも一休《ひとやす》みしたくなるような坂道です。ところが私は、その言葉を唱えながら、シャンシャン登っていってしまったのです。朝、あんなにフラフラと主人に抱《かか》えられながら家を出た私が！　信じられない、とても信じられません。一人で横浜から帰ってきたなんて。〝でも、事実、ちゃんと家に帰ってきたのだから、夢ではない、私の病気は治ったのかもしれない〟と思いはじめました。

それからは、聖典*などに書いてある光明の言葉を半紙に書き、部屋、台所、トイレと、目につく所に何十枚と貼りつけて、大きな声で、恐怖心を追い払うように読んでおりました。

狭心症が完全に消えた！

十一月十五、十六、十七日に、東京の調布市飛田給にある生長の家本部練成道場*で行なわれる、短期練成会にも参加することにしました。恐怖心を完全に断ち切ろうと思って。

当日、私は、あの白い錠剤も他の薬も一服《いっぷく》も持たずに家を出ました。神さまのそばに行くのに、薬なんか必要ないと思ったからです。とにかく、飛田給の練成道場に行けば、この病気は必ず治るんだ、と信じておりましたので、もう何の不安もありませんでした。

そして、やっと道場の玄関にたどりついたとき、「ああ、これで治ったんだわ。ありがとうございましたっ」と私は泣きくずれてしまったのです。多くの人が合掌して、「ありがとうございます」と出迎えてくださいました。

それからは嬉しくて楽しくて。食事のしたくをするときも、廊下のぞうきんがけをするときも、張り切ってやっていました。

練成会では、さまざまな行事が行なわれます。行事の一つに〝浄心行《じょうしんぎょう》〟（過去に抱いたマイナスの想念を紙に書き、生長の家のお経を誦《あ》げながら焼却し心を浄める行事）というのがありました。この浄心行の最中のことです。私は十歳のときに父を、三十三歳のときに母を亡くしており、父が亡くなってから三十年以上も経っていましたので、顔さえはっきり覚えておりません。ところが、真っ暗な部屋の中で、父と母の顔がはっきり浮かんできたのです。もう、私の口からは、ありきたりの感謝の言葉は出ませんでした。周りに人がいることなど忘れ、娘時代のままに叫び続けていたのです。「とうちゃーん、かあちゃーんっ、ありがとうございます、ありがとうございます」。ただ泣いて、泣いて泣いて…。

そんな体験もし、あっという間に最終日を迎えました。その朝の神想観《しんそうかん》（生長の家独得の座禅的瞑想法）のときのことです。急にのどの奥を石か何かでふさがれたかのように、呼吸ができなくなってしまったのです。ああ、どうしよう、苦しい、苦しい。でも、今は神さまのそばにいるんだから、もうどうなってもいい！　と思いながら、意識がもうろうとなったとき、ゴックンとつばを飲みこむようにしてみたら、ふさがっていた石がスポーンと落ちたような感じになり、ハーッと大きな呼吸ができたのです。両親の笑顔が浮かびました。本当に、完全に病は消え去ったということが、はっきりわかったのです。

うれしくてうれしくて、その場で踊りあがりました。あの感激は一生忘れないでしょう。今でもつい最近のことのように思います。「神さま、ご先祖さま、ありがとうございます。ありがとうございます」と、感謝の気持でいっぱいでした。

練成会も無事終り、主人と娘達が待っている家に帰り、みんなに心から感謝しました。それからの私は、別人のように生まれ変わったのです。〝本当に、生長の家は不思議なところだなあ〟というのが、実感でした。

家族を安心させるために行った病院では、お医者さんは不思議そうな顔で、「見違《みちが》えるほどお元気になられましたね」といわれました。

翌年の昭和四十八年。私はなぜ、前の年に神さまが生長の家に触れさせてくれたのか、わかったような気がしました。娘や姉、弟達の五人で、甥の結婚式に仙台まで車で行く途中、絶体絶命というほどのひどい交通事故にあったのです。病気のままだったら、たとえ無傷でも、ショックでポックリいっていたかもしれません。打撲《だぼく》と骨折。長女は顔を七回も手術するほどの重症でしたが、逆に私に、「お母さんは生長の家でしょう。しっかりしてよ！」というほど明るくて。神さまが、両親が、子と孫とを護《まも》ってくれたんですね。

あれから二十年、毎日元気で明るく感謝の日々を過ごさせていただき、主人とともに、楽しく生長の家のお仕事をさせていただいております。明るい心、感謝の心がいかに大切なことか、如実《にょじつ》に体験させていただきました。

ご主人・飯塚昭二さん(66歳)の話

家内が病気で寝ているときは、会社にいて「飯塚さん電話ですよ」といわれるたびに、悪い報《しら》せかとドキッとしたものです。救急車の音なんかが聞こえると、もしかしたら家内も今頃運ばれているんじゃないかと思って、胸が痛くなるほどでしたね。

入院すると安心して、顔色もよくなり、食欲も出てくるのを見ていて、これは〝病は気から〟が八割占《し》めているような気はしていました。だから、生長の家の話を聞いてきてほしいといわれたときも、それで心が安らげば、少しは元気になるんじゃないかと思って、行ったんです。

講習会、練成会に参加してからの変わりようは、すごかったですよ。どんどん明るくなるのが目に見えてわかったんで、私も練成会に行ってみたいなと思うようになったんです。二人で、もう何回も行ってますよ。

私の停年旅行は、長崎の総本山*にいっしょに行きましたし、生長の家の話をしているとつきることがない。楽しい毎日です。

（平成五年七月号　撮影／田中誠一）

*聖典＝生長の家の教えの説かれた書籍の総称。
*生長の家本部練成道場＝巻末の「生長の家練成会案内」を参照。
*長崎の総本山＝巻末の「生長の家練成会案内」を参照。

感謝と喜びの生活で
子どもも私も癒されました

滋賀県彦根市　西田節子《にしだせつこ》（39歳）

長女の発病

昭和五十四年、二十三歳で結婚した私は、五十六年、五十七年と年子で長男、長女を出産。長女の出産のための産休に入るまで、同居している主人の母に長男をみてもらって、会社勤めを続けました。主人も義父母も、理解のあるよい人で、苦労も知らず幸せに過ごしていました。

長男も、その後生まれた次女も、病気知らずの健康そのもので育ちましたが、長女の蓉子《ようこ》だけが、一歳半位の頃から、ひどい口内炎で口の中が腫《は》れて痛がる状態が頻発《ひんぱつ》しました。〝これはただの口内炎ではない〟と思い、詳《くわ》しい検査をしてもらいました。先天性の血液の病気で、それまで症状が出なかったのは、母乳で育てたため免疫《めんえき》ができていたからだと、医師に告げられました。

白血球の中の顆粒球菌《かりゅう》が普通の人より少なく、周期的にゼロになるときがあり、そんな折り化膿菌が体内に入ってくると抵抗力がないため、化膿しやすいのだといわれました。口の中など、特に雑菌の侵入しやすいところが冒《おか》されて、口内炎が頻発したのです。

扁桃腺が腫れると、のどが真白になるほどひどくただれて、高熱が一週間も続き、入院して点滴を受けないと治らないという騒ぎも、何度かありました。中耳炎で長い間病院通いが続いたのも、白血球の中の顆粒球菌が普通より少ないところに原因があったのです。

身体のどこか目に見えないところで感染しているためか、原因不明の高熱が出て、ぐったりと弱っている子を見ると、「どうして、この子だけ身体が弱く生まれてしまったのか」と、悲しくつらい気持になるのです。

感染さえしなければ、人一倍活発なお転婆《てんば》娘でしたので、保育園、小学校と普通に入れはしましたが、病院通いは続きました。

自らの腰痛も長女の脂肪腫も癒され、笑顔も明るい西田さん

藁《わら》にもすがる思いで

長女の病気で悩んでいた私は、五年程前、わが家に訪ねてこられた人に勧《すす》められ、ある修養団体に入会して教えを学び、朝四時半に起きて朝の会にも出席したりしていました。実家の母は、昭和二十五年頃から生長の家にふれていましたが、近くに集りがなかったので、『白鳩』誌だけをずっと購読していました。私にも、「よい本だから読みなさい」と勧めてくれましたが、宗教というものに抵抗があり、どうしても母の勧めに応じる気になれないでいました。

平成四年の春頃、私は腰痛に悩まされるようになりました。身体を曲《ま》げる角度によって痛むのです。はじめはそれほどでもないので放っていましたが、だんだん痛みが強くなり、婦人科と整形外科で原因を調べてもらったところ、婦人科は異常なし。整形外科でレントゲン写真を撮ってもらったところ、背骨の一ヵ所がグシャッとつぶれたように骨折していて、それが腰痛の原因になっているとのこと…私には、いつどこで、どうして、背骨が折れてつぶれたような状態になったのか、身に覚《おぼ》えがないのです。脊椎カリエスかもしれないと、ツベルクリン反応の検査もし、CTスキャンやMR検査も受けました。

私の生来の心配性、取越苦労癖《へき》が頭をもたげ、だんだん不安が増してきました。「造影剤を背中に注入して、再度MR検査をして、それによっては入院、手術を……」と医師から言われるに至《いた》って、もう恐ろしくてたまらなくなってきました。見るに見かねた私の母は、「もっと重い病気の人でも、生長の家の教えにふれて、心の持ち方、ものの観方《みかた》が変わって、癒《いや》された人が沢山《たくさん》いる。ぜひ、生長の家の講師のお話を聞きにいこう」と、一所懸命勧めてくれました。私は藁《わら》にもすがる思いで、地元の講師の岩佐和栄《かずえ》先生のお宅へ連れていってもらいました。

腰痛癒される

岩佐講師は八年前、京都から移ってこられ、自宅を開放して生長の家の集りを開いておられました。母も近年、喜んで集りに出席していました。温かい笑顔で迎えてくださった岩佐講師は、「人間・神の子、病本来なし」の真理を、初めての私にもよくわかるように、諄々《じゅんじゅん》と話してくださいました。講師ご自身、交通事故で痛めた背骨が、今でもレントゲン写真を撮《と》るとハッキリ傷跡が映るのに、手術もしないで完全に治り、普通の生活をしているとのこと。「自分で生きているのではなく、生かされているのです。そのことを喜び、感謝の生活をしていれば、〝自然に神癒《しんゆ》が働いて〟、折れた骨を軟骨や筋肉がとり巻き、何ともなくなります。心配しないでいいですよ」。確信に満ちた一言《ひとこと》一言は、私の心にスーッと入ってきて、重い荷物を背負ったような気分から解放され、安心感と喜びが広がりました。

岩佐講師の言葉を信じて実行しようと決心した私は、早速その日から、義父母と私たち親子五人の計七人、聖使命会に入会し、仏前で生長の家のお経の『甘露の法雨』を読《ど》誦《じゅ》し始めました。そのうち、少しずつ痛みがやわらいできましたので、原因を最後まで追求しようとする病院の検査を断《ことわ》り、手術もやめて、近くの接骨院で治療を受けるだけにしました。そして、講師宅の真理の勉強会に、母と一緒に出させていただくようになりました。やがて痛みもなくなり、普通の生活ができるようになって、完全に癒されました。

血液の病気で悩まされていた長女は、幼い頃から、左脇の下に、ブヨブヨした固まりができていました。良性脂肪腫ということでしたが、成長するにつれて、だんだん大きくなり、平成五年、小学四年生の終り頃には、大人のこぶし位の大きさになりました。そのため、思いきって春休みに切除してもらうことに決めました。手術自体は簡単なのですが、問題は血液（白血球）の持病。「白血球の中の顆粒球菌がふえない状態で手術をすると、化膿菌が全身にまわり、危険を伴《ともな》うから、手術はようしない」と外科の医師に言われました。

とにかく、顆粒球菌をふやす治療が先決と、二、三年前にできたという特効薬を注射してもらうことになりました。ところが、毎日一本ずつ打っても、全然効《き》き目がなく、菌はふえないのです。とうとう大人並みの量を打ってもらいましたが、それでも一向に菌はふえず、ついに外科部長に呼ばれ、「このままでは手術ができないから、滋賀医大病院で専門的な治療を受けるように…」と言い渡されてしまいました。幼い頃からずっと診《み》ていただいていた医師にさじを投げられ、〝また別の病院で、あのつらい検査を……〟と思うと、暗い気持になるのでした。

奇跡

　こうなると、頼れるのは、生長の家のみ教えと岩佐講師しかありません。私は岩佐講師のお宅に駆《か》けつけました。

「抵抗力がないといわれてる蓉子ちゃんが、毎日学校へ行けていること、そのことが、無限力、抵抗力がある証拠でしょう。本当に抵抗力がないのだったら、毎日寝ていなければいけないはずです。その不思議さに気付いてね。神様、仏様に、蓉子ちゃんは生かされているのよ。そのことを、もっともっと喜んで生活してくださいね。特効薬が効かないということは、今こそ、神仏を本当に信ずる絶好のチャンス！　物質医学を超越《ちょうえつ》するときなのよ！」

　力強い講師の言葉は私を強く大きくゆさぶりました。〝あー、そうだった！〟――ハッキリと私の中に目覚めるものがあり、〝蓉子のことは、一切を神様におまかせしよう〟と、そのときから、私は心の向きを変えたのです。

　次の検査の日、外科部長の先生が、カルテのデータに目をやりながら、「アレッ？　ふえてる！」と声をあげられました。最初三〇〇〇だった白血球の数値が、七〇〇〇にふえていたのです。すかさず私は、「先生、この病院で手術していただけるんですね」と、はやる心でたずねました。先生は、「そう簡単には決められない、今日の血液検査の結果次第だ」。不安そうな様子の蓉子と共に私は、結果がでるのを待ちました。私は不思議なほど心が落ち着き、神様に全託《ぜんたく》して祈りながら待ちました。検査の結果は、数値が一五〇〇〇と倍以上にふえていて、その日のうちに入院、手術日が決まりました。奇跡は起こりました。神様は祈りを叶えてくださったのです。

手術成功

平成五年四月一日が手術日でした。心配性で、以前は悪い方にしか物事を考えなかった私が、前夜は、神様におまかせしたせいか、安らかな気分でグッスリ眠れました。私の心が反映したのか、蓉子もよく眠りました。

岩佐講師と母は、講師のお宅で、手術の時間に合わせて聖経*を誦《あ》げ、お祈りをしてくださいました。手術は予定より早く、一時間半あまりで無事終りました。

「脂肪腫は膜《まく》も破れず、すっぽりときれいに簡単に除《と》れた」。執刀医から見せられた固まりは、予想していたよりはるかに大きいものでした。「先祖供養を真心《まごころ》でしていれば、膜が包んで手術はラクにすみます。信じて行《ぎょう》じてくださいね」とおっしゃった岩佐講師の言葉通りのことが、実現したのです。

「女の子の胸元だから……」と、傷跡が残ることを一番心配してくださった担当医は、糸で縫《ぬ》わず、テープで皮膚を接着する最高の技術で、美しく治してくださいました。一本の細い線があるだけの、可愛《かわい》い胸元を見る度《たび》に、感謝の合掌を捧《ささ》げています。

蓉子はその後はすっかり元気になり、週三回ある、スポーツ少年団のバレーボールの練習にも休まず出るくらい、健康になりました。

み教えを知るまで、嫁《とつ》いだ家に大きな仏壇はあっても、先祖供養の大切さなど考えたことがなく、形だけで、真心から拝んだことはありませんでした。今では先祖供養の素晴らしさがわかって、毎日感謝の心で聖経を誦げさせていただくようになりました。母と偕《とも》に、沢山の同信のお仲間に入れていただき、楽しく真理の勉強ができる幸せを、何にもまして有難く思っております。

私のしたいことを、黙ってあたたかい目で見守ってくださった主人の両親、主人にも感謝の気持でいっぱいです。

（平成六年五月号　撮影／中橋博文）

＊聖経＝生長の家のお経の総称。

次女の健康な相《すがた》を心で観《み》、感謝の気持をもったとき

兵庫県明石市　谷岡光子《たにおかみつこ》（40歳）

子どもの頃に

「光子ちゃん、大変や！　大変や！」。早朝のことで寝ぼけていた私は、炎と煙の中からようやくの思いで逃げ出しました。当時、別棟に寝こんでいた父が、私がまだ炎の中にいると思い込み、必死に雨戸を叩《たた》き割って助け出そうとしている姿は、幼な心にしっかり刻み込まれました。救急車で病院に運ばれ、その後は包帯に包まれて……

当時、私は小学三年生でしたが、顔と両手に火傷《やけど》を負い、一週間は食事も喉《のど》を通らないくらいの重体でした。一ヵ月ほど入院しましたが幸いに完治しました。でも家は全焼しました。原因は同居していた人の煙草《たばこ》の不始末だったのですが、温厚で人に優しい両親は同居人を責《せ》めることもしなかったようです。

父の職業は造園業兼農業で、私は一男三女の長女でした。母は天理教の信者でしたから、私は幼い頃から、「人間の怒りや憎しみは心の埃《ほこり》だから取り去りましょう」と教えられて育ったため、親や、周囲の人にも素直に接することができました。

高校を卒業して特定郵便局に勤めているときに、主人とのお見合いの話が持ち込まれました。そして昭和五十六年十一月一日に結婚しました。

主人は三歳のときに父を亡くし、高校生だった十七歳のときに母を亡くしました。遺《のこ》された二人の姉と、逆境にもめげずに、強く生きてきた人でした。姉が面倒《めんどう》をみて高校を無事卒業し、就職した会社の寮に入って自立しました。健気《けなげ》に頑張《がんば》ってきた主人の妻に、私が望まれてなったことは嬉しいことでした。

結婚後二年目に長女を出産しました。出産後間もなくのことです。担当医が、「この子の胸に聴診器を当てると雑音が聴こえるのが気になる。別の病院に行って診てもらいなさい」と紹介状を書いてくれました。

でも、母乳を飲む力にも異常がなく、元気でしたのでそのまま一ヵ月間様子をみてから、紹介してもらった病院で検査を受けました。心電図、超音波と精密検査の結果、「肺動脈弁狭窄症《きょうさく》」と診断されました。ただ、すぐ治療することもなく、身体が大きくなってからもう一度検査するということで、まずはひと安心でした。そして小学六年生になったとき、再検査してもらうと、心配ないとのことで胸をなでおろしました。

次女のアトピー性皮膚炎

長女の出産から二年後の昭和六十年三月に、次女を授かりました。この頃から、自宅の郵便受けに、『白鳩』誌が入っていました。

それが生長の家の月刊誌とは知りませんでしたが、何の抵抗もなく頁《ページ》をめくっていると、妻は夫に対して〝ハイ・ニコ・ポン〟*の態度で接し、素直であれと書いてありました。〝ああ、いいことが書いてある〟と好感をもちました。

そのうち、『白鳩』誌の頒布《はんぷ》愛行《あいぎょう》*をしてくださったのはお隣りの奥様とわかり、その方が近所に住む赤松さよ子講師と一緒に、母親教室*に誘いにきてくれました。「子育てに役に立ちますから、ぜひきてください」。

私は何の抵抗もなく、素直に参加させてもらいました。昭和六十年六月のことでした。

次女の健康な相を心で観、感謝の気持をもったとき

アトピー性皮膚炎が完治した次女の由梨さんと明石海峡大橋を背にして

会場は赤松講師宅でしたが、参加した沢山《たくさん》の皆さまが笑顔で一斉に拍手をして祝福してくれました。何だかとても嬉しくなって胸が熱くなったのを、今でも鮮明に覚えています。

そこで生長の家の愛唱歌「わが子よありがとう」を聴いたときには、思わず涙が出るほど感動しました。

♪あなたが生まれて来たことが　ただありがたく　うれしくて　ママはネ　あなたが好きでたまらない♪

歌詞に込められた優しい愛に私の魂がゆさぶられたのです。楽譜をもらって家に帰りピアノで弾くと、再び感動が込み上げてきました。私も二人の子どもを授かり、しあわせをかみしめていましたので、心の琴線《きんせん》に触れたのかもしれません。

それからは母親教室の常連になりました。心の隅《すみ》に、母の信仰する天理教になじんでいたのがひっかかりとしてありましたが、それも、生長の家が、万《すべ》ての正しい宗教の真髄はひとつであるという「万教帰一」を説いていると教えられて、気持が楽になりました。

今まで自分は何のために生まれてきたのか、考えたこともありませんでしたが、「人間は神の子」で、神の愛を現わすために生まれてきたということも分かりました。

母親教室へ通い始めて一年後に、私は三人目の子どもを身籠《みご》りました。ところが昭和六十一年十月に、多量の出血があり、大切ないのちを流産してしまいました。この世に産声《うぶごえ》をあげられなかったかわいそうなわが子に、申し訳ない気持でいっぱいになり、気持も沈みがちでした。

そんなとき、赤松講師から、生長の家に流産児や亡くなった人を供養する霊宮聖使命会があると教えられてすぐ入会しました。その折、私たち家族四人も聖使命会の会員にさせていただくよい機会だと思い、入会しました。昭和六十二年一月のことでした。

思えば、私を生長の家に導くために宿った神のいのちであったのだと思います。

こんなことから私は生長の家が益々《ますます》好きになって、生長の家の聖典『生命《せいめい》の實相《じっそう》』(谷口雅春著、全四十巻、日本教文社刊)から抜粋した真理の言葉を家の中に貼って、毎日復誦《ふくしょう》しました。

主人は宗教嫌いでしたが、特に拒否反応があったわけではありませんでしたので、夫婦仲は円満でした。

不完全を心で認めない

昭和六十二年に入ってからのことですが、次女がアトピー性皮膚炎になってしまいました。顔が火傷をしたようになり、ベビーカーに乗せて外へ出ると、通りがかった小学生がのぞき込んで「ワーッ」と驚き、思わず顔をそむけたくらいの重症でした。

一年近く病院に通い、最初はステロイド剤の投与も受けましたが、副作用が恐いので、途中から中止して、食事療法に切り替えました。アトピーに好ましくないと言われる、肉類、卵、牛乳、白米をやめて、魚、野菜を中心にした副食にし、主食は、粟《あわ》と稗《ひえ》にするため、実家の母から圧力鍋を借りました。しかし食事療法の効果はすぐ現われるものではありません。一ヵ月近く過ぎてから、食事療法に疑問をもち始めました。

食事療法をしている限りは、アトピー性皮膚炎を心で認めていることになります。私は、生長の家の「病《やまい》本来ナシ」の真理を学んでいます。〝神様が創造《つく》られた神の子・人間の実相（本当の相《すがた》）は完全円満であるから、アトピー性皮膚炎はない〟と、心で認めないことにしました。

次女は痒《かゆ》みが激しいので、皮膚をかきむしります。すると、そこから汁が吹き出して傷口がひろがり悪化します。それでも私は、アトピー性皮膚炎に悪いと言われる食事に戻しました。一見、無謀《むぼう》ですが、食べ物を恐れないで感謝することが大事だと思ったのです。塗《ぬ》る薬も「ありがとうございます」と感謝の言葉を出しながら使用しました。

赤松講師からは、「闇（アトピー）はナイのよ。お母さんがイライラしたら子どもの心に反映するから、明るい心をもって下さいね」と励まされました。

跡形もなく消えて

子どもの病気は親の「心の影」だと聞きました。私は主人に感謝しているし、何も不満はないと思い込んでおりました。でも気づいていないもうひとりの私がいたのです。

静かに胸に手を当ててみると、私には主人からもっと話しかけて欲しいという願望があったのです。主人は、お酒を飲むと能弁《のうべん》になる人ですが、普段は口数も少なかったのです。漁師町の出身ですから、語尾がきつく感じることもありました。

でも、こうしたことを私の問題として受け止め、自分を磨くために、生長の家のお経の『甘露の法雨』を読誦《どくじゅ》することにしました。

神を大地にたとえれば、先祖は根、親が幹、子孫は枝葉だと教えていただきましたので、今は亡き主人の両親にも心を込めて先祖供養をしました。そして、神想観も実行したくて、赤松講師に教えていただき、神想観中、主人をはじめ、主人の姉、わが子に感謝の祈りを続けました。私の心が浄められ、愛と感謝の気持で満たされてくると、あれほどひどかった次女のアトピー性皮膚炎は、少しずつ消えてゆき、小学校へ入学するときには跡形もなくきれいに完治していました。

このよろこびと感謝の気持をひとりでも多くの人に伝えたいと思い、平成六年十月から母親教室のリーダーを引き受けました。

私は子どもたちの学校のPTAのお母さん方に、自信をもって「生長の家の母親教室へきて下さい」とお誘いしました。かつての内気な私からは想像もできない勇気です。

第一回目は、誌友*さんを含めて、十三人が集まってくれました。そのうち、私が誘ったPTAの友達が五人も含まれていました。最初のうちは、赤松講師のお宅で開いていましたが、途中から自宅で開くことにし、参加者の皆さまと、「人間・神の子」の真理を研鑽《けんさん》しています。主人も黙ってやらせてくれます。

ふたりの子どもは、長女が小学三年生、次女が小学二年生のときから生長の家の小学生練成会に参加しました。

現在、中学三年生になった長女は、吹奏《すいそう》楽部に入って、チューバを担当しています。乳児のとき、精密検査を受けた身体でしたが、大人でさえ大きいと思われる楽器を吹奏できるということは、とても有難くて涙が出ます。神様に生かされていることをしみじみ感じます。中学二年生の次女は、地元の「生長の家ジュニア友の会」*のリーダーに任命され、喜んで引き受けました。学校では美術部に入って、マンガを勉強し、週に一度はジャズ体操も習っています。昔、アトピー性皮膚炎で苦しんだと言っても誰も信じないくらいで、イキイキと輝いています。

思えば私は、流産した子どもと、この世に生を享《う》けたふたりの子どもを通して生長の家に導かれ、神の子の〝ホンモノの自分〟を発見することができました。

なかでも次女のアトピー性皮膚炎は、子どもの頃、火傷の経験のある私に、実父母の大きな愛を感じさせてもらうようすがとなりました。感謝しています。

「ただいま！」

主人が帰宅すると、私と二人の子どもは競って玄関に出迎えます。食事のあとは、主人の肩をもみながら「ご苦労さまでした」と声を掛けます。明るいわが家の幸せをかみしめる毎日です。

これからも大勢の人のために、愛を尽くして生きてゆきたいと思います。

（平成十年五月号　撮影／中橋博文）

＊ハイ・ニコ・ポン＝人から何か頼まれたら「ハイ」と返事をし、「ニコッ」と笑顔で、「ポン」と立ち上がってすぐに行なう——という生長の家の教えの一つ。

＊愛行＝伝道のために生長の家の月刊誌や単行本を頒布すること。

＊母親教室＝生長の家の女性のための組織である生長の家白鳩会が主催する母親のための勉強会。お問い合わせは、最寄りの生長の家教化部まで。巻末の「生長の家教化部一覧」を参照。

＊誌友＝生長の家の月刊誌の購読者。

＊生長の家ジュニア友の会＝生長の家の中学生の会。

『甘露の法雨』のお守りを手に手術台へ…
脳腫瘍から起ち上がり、いま喜びの毎日です

兵庫県龍野市　花房幸世《はなふささちよ》（33歳）

『甘露の法雨』のお守りを握りしめて

私は平成三年六月十五日、大安産で二六〇〇グラムの小さな男の子、長男・海《かい》を出産しました。ところが、三日目の朝のことです。まるで頭の中を巨人がハンマーで打ち続けているような、いまだ嘗《かつ》て経験したこともない激しい頭痛に襲《おそ》われました。その日は看護婦さんの手を借りないと、起き上がることすらできませんでした。それでも二十日には無事退院しました。

それからが大変でした。高熱と頭痛が続き何度も意識不明になるのです。産褥熱《さんじょくねつ》だと思い込み再び産院に戻りましたが、また意識不明になってしまいました。

異常を感じられた先生が、ＣＴのある近くの病院へ運ぶよう父に指示して下さり、そ

の病院で検査した結果、大きな脳腫瘍が発見されました。腫瘍が脳髄液の出口をふさいでいたため、髄液で一杯になり、脳は腫《は》れ、シワもなくなるほどで、目もとびだした状態のCT写真でした。すぐ救急車で姫路日赤へ運ばれ入院しました。六月二十六日のことです。検査ののち、二十八日朝から緊急手術が行われることになりました。

私には、その間の記憶がほとんどないのですが、当日、手術室に入る前、母が（無菌室であることを知らず）『甘露の法雨』のお守りを、私が子どもの頃から持っていたものと、自分のものとを私の手に持たせてくれていたのを、執刀医の先生が「気持が落ち着くなら持っててていいです」としっかり握り直させて下さったことだけは、よく覚えています。

私の家は日蓮宗ですが、母が若い頃、知人に生長の家の母親教室に誘われて参加、「人間・神の子、実相は完全円満」の教えにふれて、入信していました。

生長の家では、すべての正しい宗教の真髄は一つであると、「万教帰一」を説いていますが、母は、『白鳩』などの生長の家の月刊誌を読むことで、却《かえ》って日蓮宗がよくわかったそうです。私も小学生の頃には、生命学園（生長の家の日曜学校）に通っていま

脳腫瘍が完治した幸世さん。後方にご主人の広文さんと長男の海君

した。こんなわけで、わが家には生長の家の教えが入っていました。

家族は心配しながらひたすら待っていてくれました。母と妹は何度も聖経を読誦してくれたそうです。生まれて十日目の海は、姑《しゅうとめ》がひきとって、その後四十日間、大切に育てて下さいました。(因《ちなみ》に、私は妹と女二人きょうだいでしたので、夫はわが家に養子に入ってくれていました) 日蓮宗を熱心に行ずる叔母は、すぐ妙見山《みょうけんさん》でお百度を踏んでくれました。

脳の手術は顕微鏡を覗《のぞ》きながら行う大変なもので、時間はなんと三十一時間近くかかりました。手術室から出てきた私の姿を見て、父は涙が出たと言います。頭から二本の管《くだ》、それがベッドにつながれ、腕、足、あらゆる所からも管を通され、〝人間じゃあない〟と思ったそうです。一方、母は私がしっかりお守りの聖経を握りしめているのを見て、〝ああ、この娘は助かった〟と思ったそうです。私はと言えば、全身麻酔時に気管支に入れられていた苦しい管を抜いてもらってからは、至って元気で、すぐにここ近年見たこともないような食欲が湧いてきて皆を驚かせました。

当たり前の有難さ

検査で良性腫瘍とわかり家族も一安心でしたが、卵位の大きさの腫瘍を除《と》ってもまだ残っているらしく、七月十日、二回目の手術が行われました。前回の経験から、家族は長時間覚悟の態勢を整えていたそうです。予想通り三十二時間もの手術でした。

私が一番辛《つら》かったのは、前日夜九時から飲食を止められ、当日午後二時から三十二時間の手術、目を覚ましたら、丸二日以上何も飲み食いしていない状態だったことです。夜中に回診にこられた脳神経外科部長の中村先生に「お腹《なか》が空《す》いて寝られません」と訴え、主治医に「のどが渇《かわ》いて死ぬかも知れません」と訴え、「えっ！　もうお腹が空いているんですか。手術後の第一声にこんな言葉を聞いたことありません。こんな元気な患者さんは、脳外《のうげ》始まって以来です」「人間、のどが渇いたくらいで死にゃしません」とあきれられ、大笑いされました。

その頃、私は寝たきりで食事も下《しも》の世話も家族や看護婦さんにしてもらい、二十七歳の若さで床《とこ》ずれまでできてしまいました。私がそのとき願っていたことは、歩きたい、座って食事をしたい、トイレに行きたい、と、普段なら当たり前すぎて考えもしないようなことばかりでした。当たり前のことが、どんなに有難いことだったか！

幸い、わが家の家族は皆明るく、病院の誰とでもすぐ仲良くなって、つまらないことで大笑いをしていました。病室も明るく朝は陽の光で目ざめました。

座れない私は、寝たままの姿勢でよく『甘露の法雨』を読んでいました。

〈……真の『健康』は物質に非《あら》ず、肉体に非ず、

真の『生命』は物質に非ず、肉体に非ず、

真の『汝《なんじ》そのもの』は物質に非ず、肉体に非ず、

物質の奥に、

肉体の奥に、

霊妙きわまりなく完全なる存在あり。

これこそ神に造られたる儘《まま》の完全なる『汝そのもの』にして、

常住健康永遠不滅なる『生命』なり……〉

ある朝、『甘露の法雨』を読む私の姿を目にされた中村先生が、「ああ、『甘露の法雨』。

生長の家じゃね。お父さん、お母さん、ありがとう。今日はきっと良いことがあるちゅう、あれじゃろう？　私も子どもの頃、叔母に連れられてよう行きました」と言われ、とても嬉しくなり、神縁を感じました。

その後、三回目の五時間半の手術をしたのち、やっと歩く練習をしましたが、顔は薬の副作用でパンパンになっていたのに反し、手足は筋肉が衰《おとろ》え、見る影もなくやせ細っていました。立つと、世界中の引力が私一人を引いているような重さで怖《おそろ》しく、歩くと、まるでジェットコースターに乗っているようでした。立つ、歩く、の有難さをここでも教えられました。四回目の手術が十時間半かかり、入院して一ヵ月間に行われた四回の大きな手術が終わったのは、産後四十日目のことでした。術後、治療の一つにコバルト60照射がありました。当時、肺、足、そして私と同じ頭に当てておられる方々の髪が、先生の言われる十二日目位で全部抜けてゆくなか、私だけは母の「たまーに抜けへん人もおるらしいで」という言葉の力で、直接当てたところ以外は全然抜けませんでした。

様々な、当たり前の有難さを教えられた五ヵ月に亘《わた》る入院生活を終え、大勢のお友達に見送られて退院しました。

「消えちゃってますね」

しかし、家に戻ってくると、思い通りにできない日常生活のもどかしさから、〝いったい何が悪かったから、あんな病気になったんやろか〟と、自分を責《せ》めたり原因を追求しようとしたりで悩んでいました。ある日、地元白鳩会の玉越典子さんに相談すると、

「あんたが手術したから一族縁族の業《ごう》が消えたんやで。だから悩まんでええんや。お世話になった人らに感謝の気持を返していく番やで。まあ見とき、海君は、絶対大きな病気もケガもせんと大きなるから」

と言っていただき、心が軽くなり救われたような気がしました。そして玉越さんの言われるままに、いろいろな生長の家の集《つど》いに足を運ぶようになりました。

神様のお導きか、最初に聴いたのが生長の家白鳩会兵庫教区連合会会長の梅原和枝講師の講話でした。梅原講師はとても優しく、「人間は神の子で、病はない」といったことなどをお話し下さいました。術後、当たり前のことがどんなに大切か、生きているのではなく生かされているのだ、ということを深く感じていた私は、話される一言一言が

ピンときて、教えが心に直《じか》に伝わってくるのでした。私達は神のいのちをいただいて、日々、神の愛に護られている。罪も病も迷いも本来ない……こんな素敵な世界にいたのかと感動し、さっそく頒布愛行のために生長の家の月刊誌の購読部数を増やし、聖典を読み、いっそう熱心にお話を聴きに行くようになりました。

平成六年四月からは母親教室を開設しました。私を「生長の家」に導いて下さった観世音菩薩様として、脳腫瘍にも感謝できるようになりました。

それでも、手術に要する時間や部位の関係で、どうしても除《と》り切れなかった腫瘍があるので、年に一度CTかMRIで診《み》てもらっていました。

平成八年十月十八日、MRI撮影をしていただいて二時間後に担当医のところへ参りますと、先生が写真を前に無言でおられました。「あの、これが残っていた腫瘍でしたっけ」とこちらから聞きますと、「いやぁ、これは脳の襞《ひだ》ですねぇ。おっかしいなぁ。これで見るかぎりないんですよ。消えちゃってますね」と言われびっくりしました。

一目散《いちもくさん》に家に帰り、苦労をかけた家族に報告し、喜び合いました。夫が、「あんたはエライ！　けど、いつかこうなると僕は信じとったで」と言ってくれました。

本当に家族には大変な心労をかけました。特に、海を生まれた直後から四十日間も預かって、可愛がって育てて下さった姑には、心から感謝しています。その海は今年六歳。毎日幼稚園に通い、まだ一日も休んでいないくらい元気です。私は〝母親がいつも笑っとったら、子は必ず幸せになる。よう笑う子は、運のいい子になる〟と信じて、怒り声をなるべく出さないようにし、明るいわが家を笑顔でさらに明るくして、過ごすよう努めています。

入院中、病院の先生を神様と思って、すべてをおまかせし、先生の言われることに素直に従ってきました。関係の皆様のご愛念のお蔭で、私は新たな生命をいただきました。「人間は神の子」という正しい信仰をもっていれば、人生を生き抜いていく上で強みになります。また、子どもの無限の可能性を引き出す「生長の家の教育法」を知っていれば、確固たる信念をもって子育てができます。ご恩返しのためにも、こうしたことを若いお母様方に知っていただきたく、母親教室に一人でも多くの方に参加していただきたいと願っています。

（平成九年九月号　撮影／中橋博文）

舅へのわだかまりがとけたとき　腸の腫瘍が流れ出た

群馬県新町　坂入清子《さかいりきよこ》（60歳）

ブドウ状の塊が腸の中に

私が体験したこの奇蹟的なできごとを、どうすればうまくお話できるのか、お伝えできるのか……。現代の医学を学んだ方にとっては、まさに首をかしげるような不思議な変化が、私の体には起こったのです。それは昭和五十九年、私が五十二歳のときのことでした。

その年は、何となく体がだるく熱っぽいといったことが春頃からときどきあり、七月頃にはそんな症状が一週間以上続くようになりました。お腹の痛みも感じられて、〝悪い風邪の一種かしら〟というぐらいの気持で近くの病院に行きました。さっそく検査のためにレントゲンを撮ってくれたのですが、医師は写真を見ながら険《けわ》しい表情で、

「あなたの腸の中にはどす黒い腫瘍《しゅよう》が、ブドウのふさのように重なりあってできている。腫瘍が腸の内部をふさいでしまうほど大きくなっていて、破裂寸前……。これは相当な重症です」

と告げたのです。私は、まさかそんなことになっているとは想像だにしなかったので、悲しいというよりも、ただただ驚くばかり。そう言われてみると、三年ほど前に、一度トイレで出血をみたことがあったことを思い出しました。〝もしかしたら、あのときから腫瘍ができ始めていたのかもしれない……〟。思いあたるふしがあっただけに、動転しながら私は、その病院で言われるがままに、都市部にある大きな病院へレントゲン写真を持参していきました。しかし、心のどこかでは、なんとなく納得のいかないものを感じながら……。

というのは、実は私は結婚する二年前、二十七歳の時に生長の家にふれており、自分自身、信徒としてみ教えを守り続けてきたつもりでいたからです。み教えでは、〝人間・神の子、病なし〟〝天地一切のものと和解せよ〟と説かれています。すべての人と和解し、調和し、感謝をすれば、病などあるわけがないという気持で、私は生きてきたの

近所の梅の木の前で…いつも朗らかな坂入さん

です。

なのに、なぜこんなことが起こってしまったのか……。そう思っていた私は、潜在意識の奥底に、いつしかあるわだかまりが凝《こ》り固まり蓄積していたことにまだ気づいていなかったのでした。

言葉の力

都市部の大きな病院では、すでに前の病院から私についての連絡が入っていたらしく、私のベッドも用意され、入院の準備がすすめられていました。院長先生は、

「この腫瘍はもう、手術をしないことにはどうにもなりません。かなり悪化している上に、血液も普通の人の三分の一ほどに減っています。即、入院してください」

と真剣な顔でおっしゃいました。「手術」「入院」という言葉をききながら、私の頭の中にまず浮かんだのは、恐れではなく、生長の家のことでした。生長の家の本にはよく、練成会に参加して、病気が治ったという体験が載っていました。私は練成会というものに一度も参加したことがなかったのです。

〝今ここで入院してしまったら、もう動くことはできない。私はずっと生長の家のみ教えを学んできたのだ、病はない、と信じてきたではないか。手術をする前に練成会に生命を賭《か》けてみよう！〟私の決意は固まっていました。そして、院長先生に申し訳なく思いながらも、そっと病院の受付で、入院の十日間延期を申し出て家に帰ってきたのです。

家に着くとまもなく、院長先生から電話がありました。

「入院を延期したそうですね、どういうつもりですか。自分がどんなに重症かわかってないんですか。もしかしたらガンかもしれないんですよ！」

矢継《やつ》ぎ早《ばや》にまくしたてられ、私は電話を切ったあともただ呆然《ぼうぜん》とその場に立ちすくんでいました。「ガンかもしれないんですよ、もしそうならあと三ヵ月の命ですよ……」。院長先生の言葉が耳の奥でガンガンと鳴り響きました。

あとから思えば、重病患者を見捨ててはおけないという思いから出た言葉だったのでしょう。しかし、そのときの私は、そのひと言によって、震えが止まらないほどの恐怖のどん底に突き落とされてしまったのです。

練成会に行こうという決意も崩《くず》れていってしまいそうでした。まだ練成会が始まるまでは四日も間があるのです。どうしたら……。気がつくと私は生長の家群馬教区教化部長の島崎忠雄先生の所に電話をかけていました。

「大丈夫ですよ、人間は神の子、病なしでしょう。必ずよくなりますよ。今から神癒祈《しんゆき》願《がん》*の申し込みをして、生長の家の道場で祈ってもらいますから安心してください」

これも不思議な体験なのですが、電話口から流れる島崎先生のお言葉を聞いているうちに、あれほどの恐怖心が、まるで霧がサァーッと晴れていくかのように消えていったのです。涙がこぼれました。そのときの私にとっては、まさに神の声でした。

島崎先生の言葉を支えとして四日間どうにか持ちこたえ、練成会場まで行くことができました。入院せずに練成会に行く私を、主人はただ黙って見送ってくれました。私の病気にはできるだけふれないようにしていることがわかりました。主人の職場へも院長先生から電話がいったため、主人も相当なショックをうけていたのだと思います。

舅へのわだかまりが……

練成会は四泊五日でした。講師の先生から真理のお話を聞いたり、〝祈り合いの神想観〟

〝先祖供養〟〝感謝行《かんしゃぎょう》〟*などのさまざまな行事が行われます。その中で〝浄心行《じょうしんぎょう》〟といって、心の奥底にたまった、自分では気づかないような過去の憎しみや悪感情などを紙に書き出し、生長の家のお経『甘露の法雨』を誦《あ》げる中で焼き浄める行事があります。初めての体験でした。

よくよく考えながら書き始めると小さなことがいろいろと思い出されてきます。そんな中で、自分でも愕然《がくぜん》としたのは昭和五十六年に亡くなった主人の父親、つまり舅《しゅうと》に対しての不満が、想像以上に心の中に大きく残っていたことでした。

主人は九人兄弟で両親と合わせて十一人の大家族でした。縁あって私が嫁ぐとき、主人の両親は同居することを希望していたのです。自分達や子供の世話を嫁にしてもらいたかったのです。しかし主人は、そんな大家族のなかでは大変だろうと私を気づかい、別居することにしてくれました。

ところが、そのことが舅にとっては気にいらず、結婚後、私から見ると、まるで意地悪をされているような気分にさせられたことが、何度もあったのです。舅は私たちの新居へたびたび訪ねてきては、おこづかいを請求していきました。当時、私は勤めていたのですが、帰ってみると、勝手にあがりこんでお茶を飲んでいることもありました。主人と舅も険悪なムードになっていきました。

〝ああ、仲良くしなければ〟と、私は表面的には思っていたのですが、それは、〝調和〟ではなく〝我慢〟だったのです。心の奥底では舅に対する怒りと憎しみがヘドロのように沈殿していた……。そうはっきり気づいたとき、今の自分の病状は、その奥底にたまっていたわだかまりが、現象としてそのまま現れ出たものなのだ、と悟ったのです。

紙を火で焼いたあとは、暗闇の中で自分に関《かか》わった一人一人の名前を呼び、「ありがとうございます」と大声で感謝をする行《ぎょう》に入りました。「お舅《とう》さん、ありがとうございます」そう何度も言っているうちに、舅のさまざまな顔が思い出されてきました。

私の家の中で一人でお茶を飲んでいるときの寂しそうな顔、死ぬ間際のおだやかな顔と、「世話になったねぇ」という言葉……。私はなぜもっと優しくできなかったのだろう、訪ねてきたのは本当はお金がほしかったからじゃない、息子夫婦に会いたかったからなのだ。なぜそのことに気づかなかったのだろう。「おじいちゃん、ごめんね、ごめんなさい！」

激しい腹部の痛みに倒れそうになりながら私は涙を流して懺悔《ざんげ》し続けていたのでした。

体に激変が起きた

浄心行の夜は、お腹が爆発してしまうのではないかと思うほどの激痛におそわれました。眠ることもできず、かといって、みなさんを起こすのも申し訳ないような気がして、ひたすら耐えていました。

そんな中でもようやく眠けがおそってきて少しウトウトするうちに朝になりました。気がつくと、あれほどの苦痛が消えてしまっているのです。信じられないような気持でした。

ここ数ヵ月、これほど爽《さわ》やかな気分で目覚めたことなどなかったのです。下剤を飲んでもほとんど効果がなかったのに、その朝は自然にトイレに行きたくなりました。そして、まるで血の塊《かたまり》のようなものがどろどろと流れ出たのです。そうした状態は、練成会の最終日まで続き、そして正常に戻ったのでした。

生長の家のお経、『續々甘露《ぞくぞくかんろ》の法雨』には、〝高い建物が壊れるときは轟音《ごうおん》が響く。それと同じで、迷いが大きいほど壊れるときは激変が起こる。だから、どんな病変が起こってても恐れることはない〟という意味のことが書かれています。あの一夜の激痛や翌朝の病変は、私の心の迷いが自壊していく姿だったのです。

喜びにみちあふれて、家に戻るやいなや、ずっと心配し続けていた主人、そして家族や親戚が、「今度こそ入院してほしい」と私に訴えました。私は自分の病が消え去ったことを確信していましたが、みなの愛情を無にしてはいけないと思い、以前とは違う病院へ、検査に行くことにしました。そしてレントゲンを撮った医師から言われたのは、

「腸に腫瘍があった跡が大きく空いていまして、これは自然にふさがらないので、空いたところを切りとりましょう」

腫瘍は本当に流れ出てしまったのです。二ヵ月後に娘の結婚式を控えていたこともあって「手術しておけば？」という親戚の勧めを素直に聞くことにしました。

あれから八年近くたちました。私は練成会に参加してから生長の家の信仰に、本当の意味でつながったような気がします。この八年間に主人は何度も旅行に連れて行ってくれ、今年は二人で還暦を迎えるので、記念にペアの指輪を作ってくれました。

月に一度は、わが家で生長の家の誌友会を開き、練成会へもお手伝いに行きます。ときには、近所に住む孫達と遊ぶ…。ご飯もおいしくいただけ、体も健康そのもの。幸せに満たされ涙が出そうになるとき、舅の笑顔が心の中いっぱいに広がります。

(平成四年五月号　撮影／田中誠一)

＊神癒祈願＝神の癒しによって問題が解決するように祈ってもらうこと。生長の家本部、総本山、宇治別格本山、本部練成道場などで受け付けている。

＊感謝行＝天地一切のものへの感謝をこめて、宿泊した部屋の掃除などをすること。練成会では掃除も行のひとつとなる。

病気を掴んでいた心を捨てたとき喘息の苦しみから解放されました

千葉市稲毛区　伊藤宏子《いとうひろこ》（59歳）

早世した長女に導かれる

昭和三十四年三月に高校を卒業した私は、千葉県の船橋で会社を経営していた伯父夫婦を頼って、故郷の鹿児島を後にしました。

私一人では心配だと思った姉が行動を共にしてくれました。私は生命保険会社に就職し受付に配属されました。姉は伯父の会社を手伝うことになりました。

もともと明るい性格だった私を、同じ職場にいた主人が見そめてくれ、四十二年四月に結婚しました。主人は秋田出身で次男でした。

結婚の翌年、主人の転勤で大阪に引越し、長男が誕生しました。四十六年には岡山に転勤になり、二年後に長女を授かりました。主人の方の家系では八十年ぶりの女の子の誕生です。秋田の義父母も喜んで祝福してくれました。

ところが、長女は生まれた時から胆汁の流れる道が閉ざされている「先天性胆道《たんどう》閉鎖症」という病気をもっていたのです。

すぐ手術を受けましたが、お腹を開いた医師は「肝臓が壊死《えし》している」と沈痛な表情で言われました。私は長女の命を救いたい一心で悩みました。そのとき、姉のことを思い出したのです。姉は伯父の会社を手伝いながら、伯母から生長の家を伝えられて入信していたのです。

「すぐ生長の家の岡山県教化部へ行きなさい」と姉から勧められ、素直に生長の家の門を叩きました。教化部では、たまたま練成会の最中でしたが、講師と参加者全員で、私の娘のために神想観をして祈って下さいました。

これをご縁に、私は地元白鳩会の支部長宅を訪ねて聖使命会に入会し、聖経『甘露の法雨』を求めて真剣に誦《あ》げました。誌友会や講習会にも積極的に参加して教えを勉強させていただきました。

けれども、長女は亡くなりました。たった六ヵ月という短いいのちでしたが、私を生長の家に導くために生まれてきたような気がして、「私の観世音菩薩さま」と手を合わせ、涙ながらに見送りました。

喘息に苦しむ

長女が亡くなって二年後の昭和五十年四月、主人の転勤で私たちはふたたび千葉県に引越してきました。

二ヵ月後に次女が生まれました。長男は小学一年生となり、私は子育てに追われてつい生長の家を忘れがちでした。神想観の実修や『甘露の法雨』の読誦《どくじゅ》をおろそかにしていました。せっかく長女が導いてくれたというのに……。それでも聖使命会費を納入し、『白鳩』誌を購読していました。やはり心のどこかで生長の家を支えにしていたかったのです。

私の体調が崩《くず》れ始めたのは、そんな状態のときでした。

五十四年頃から、よく咳込むようになりました。最初の頃は風邪引きによる気管支炎くらいだろうと思っていましたが、五十七年に医師から「喘息《ぜんそく》です」と告げられたの

病気を掴んでいた心を捨てたとき、喘息の苦しみから解放されました

自宅近くを夫の孝郎さんと仲むつまじく散歩する

です。

〝どうして私が喘息に？〟。一瞬、そう思いました。大人になってからの喘息は治りにくいと聞いていました。この先、喘息とつき合っていくのかと思うと、気が重くなり、落ち込んでしまいました。

喘息の発作が起きると、呼吸困難になり、一晩中、布団の上に坐ったまま苦しみました。唇は土気色に変わり、今にも心臓が止まってしまいそうです。口では言い表せない恐怖に襲われました。

あまりにひどいときは発作を鎮める注射も効かず、四十日もの入院生活を送ったこともありました。発作が起きたときは、昼間、会社勤めをしている主人が一睡もしないで、私の背中をさすってくれました。主人は私に代わって家事もしてくれました。

一度、医師から「奥さんの命が危ないから家族と親戚を呼ぶように」と言われて、主人は仰天したこともあったそうです。

千葉に住んでいる姉が見舞いにきて、「もっと真剣に生長の家の勉強をやりなさい。練成会にも参加しなさい」と言ってくれました。しかし、発作で苦しんでいる私は聞く耳をもたず、言われれば言われるほど反発していました。

ところが、いつまでもそんな状態で主人や子どもに心配させたり、迷惑をかけたりしたくない、何とか喘息の苦しみから解放されないものか、と必死に願っていましたので、いつしか病床で『生命の實相』と生長の家総裁・谷口清超先生のご著書『病いが消える』(日本教文社刊)を手にとって真剣に読むようになったのです。

「人間は神の子、病《やまい》本来ナシ。病気が治らないのは心が治らないからだ」

と説かれていることに心を動かされました。

〝そうだ、私は心で病気を掴《つか》んでいたんだ。病んでいたのは私の心だった。私の心から病念を放《はな》てばいいのだ〟

そう気がついたものの、簡単にできることではありません。「人間・神の子、実相は完全円満」の自覚を深めるために、昭和五十八年頃から練成会に参加するようになりました。

そうして神想観を実修し、浄心行をして、『甘露の法雨』の読誦を熱心に続けました。するとと、発作が起きても心が平静でいられるようになり、あまり気にならなくなりました。

病念を放ったとき

喘息の発作は心の動揺ですぐ敏感に反応して起きますが、いつも心に完全円満な自分の姿を思うようになってから、発作の回数も減ってきました。そうして平成八年六月に、私にとっては画期的な出来事があったのです。

私は同じ喘息を病む知人を誘って、生長の家総本山の団体参拝練成会*に参加しました。奥津城《おくつき》で谷口雅春先生と谷口輝子先生*にお会いしたくて仕方なかったのです。

その日は喘息の発作が起きていました。ぜい、ぜいと喉《のど》が鳴り、呼吸困難で肩で息をしながら、知人と一緒に四十分かけて奥津城まで登りました。

途中で何回も休みながら必死の思いでした。やっとの思いで到着すると、思わず、

「先生にお会いしたくて参りました！」

と叫んでいました。すると、

「よくがんばったね」

とおっしゃられる谷口雅春先生の優しいお声が聞こえたような気がしたのです。私は嬉しさのあまり、声を出して泣きながら、墓前で『甘露の法雨』を誦《あ》げさせていただきました。

そして練成道場に帰ってくると、さっきまで苦しかった喘息の発作が治まっているではありませんか。もしあのとき、「発作で苦しいから、奥津城まで行くのはよそう」と思っていたら、発作は治まらなかったろうと思います。心で病気を掴んだままでいるわけですから。「病念を放つ」とは、このことだったのだと気がつきました。

それからは、ひどい発作が起きなくなり、軽い発作が起きても、全く不安や恐怖心もなくなり、喘息を忘れることができました。昔のように明るい私に戻り、家の中も活気があふれるようになりました。

夫婦で同じ信仰の道を

そんな私を、主人が一番喜んでくれました。その上、嬉しいことがあったのです。

主人は私が生長の家を信仰することに抵抗があったのです。主人は歯科医の息子でしたので、医療に頼らないで病気が治るということに疑問があったようです。ですから、私は主人が不在のときにこっそり神想観をしたり、『甘露の法雨』を誦げていました。主人の感情を逆撫《さかな》でしたくなかったのです。

その主人が、私が生長の家の教えによって喘息の苦しみから解放されたことで、心を動かされ教えに関心をもったのです。

あれは平成十年二月のことでした。主人が自ら「生長の家本部練成道場の練成会に参加してみる」と言ってくれたのです。その年、三十六年間勤めた生保会社を役員で定年退職することが決まっていましたので、退職後は、私が信仰する生長の家を自分も勉強して、夫婦共通の話題ができたらいいなと思ったそうです。

練成会から帰ってきた主人は、「素晴らしい話をいっぱい聴いた。これからも生長の家を勉強してみる」と言ってくれました。私にとっては何よりの嬉しい言葉であり、何よりのプレゼントでした。

もう主人に隠れて、神想観をしたり、『甘露の法雨』を誦げたりしなくてもすむかと思うと、それだけで心はずむ思いでした。

それからは、主人と二人で、宇治別格本山*の短期練成会や、総本山の団体参拝練成会にも参加するようになりました。

何よりも嬉しいのは、主人と二人で早朝神想観ができ、『甘露の法雨』を誦げて先祖供養ができることです。夫婦一体となって、「神の子である私たちは、豊かであり、健康であり、幸福である」と祈ることは無上の幸せです。

生長の家で救われた私は、このみ教えを大勢の人に伝えたいと思うようになりました。母親教室は平成七年二月から自宅で開かせていただき、三年間続けました。平成九年五月には地方講師を拝命し、翌十年四月からは、白鳩会柏台第二支部長のお役を喜んで引き受けさせていただきました。

私に生長の家を伝えてくれた姉・川田フジは平成十一年五月に永眠しました。亡くなる前に、「とらわれるな」「赦《ゆる》す」「掴むな」「家庭が第一」「感謝よ」の、五つの言葉を私に遺《のこ》してくれました。遺言のようなこの言葉を私は大切に胸の奥にしまっています。

私の両親も主人の両親も他界しました。義父が亡くなった後、秋田から義母を呼び、亡くなるまでお世話させていただきましたが、もの静かで上品な義母と一緒の時を過ごせたことは、嬉しいことでした。

神様から与えられた二人の子どもはそれぞれ成長し、巣立っていきました。長女が先に結婚し、今年長男もハワイで挙式します。海外旅行をしたことのない私たちへのプレゼントだそうです。

今は主人と二人暮らし。私が出講にでかけるときは、テキストに使う資料を主人が前もってワープロで打って用意してくれますし、車で駅まで嬉しそうに送ってくれます。幸せな日々に合掌あるのみです。

（平成十二年二月号　撮影／原　繁）

＊団体参拝練成会＝各教区ごとに生長の家総本山に団体で参拝し受ける練成会。
＊谷口輝子先生＝谷口雅春先生夫人。昭和六十三年に満九十二歳にて昇天。
＊宇治別格本山＝巻末の「生長の家練成会案内」を参照。

ガンも、くも膜下出血も感謝で癒えた

熊本県上天草市　寄口松代《よりぐちまつよ》（60歳）

小・中学校の同級生で、相思相愛の仲で結ばれた夫婦――それなのに、いつの間にか夫婦の会話が減った。不満をつのらせていくうちに、気がつくと体に変調が起きていた。細胞検査の結果は「子宮ガン」だった。生長の家に救いを求めた。手術前に練成会に参加し、夫に感謝の心を失っていたことに気づいた。涙とともに夫に詫《わ》び、再検査するとガンは消えていた。その後、くも膜下《まくか》出血で倒れたこともあったが、後遺症もなく全快。今、夫婦仲は円満で幸せな毎日に――

私は天草の中でも風光明媚《ふうこうめいび》な松島町で生まれました。父は染めものの仕事をしていました。小学生の頃から両親について生長の家の誌友会に行き、集まる人たちが手を合わせて、「ありがとうございます」と明るく挨拶する光景をすがすがしいと思いました。

中学卒業の時、看護学校を受験しましたが失敗しました。あきらめきれない私は、親戚のいた福岡に行き、個人病院に勤めて看護婦の助手をしましたが、看護婦の資格は取らず、三十五年に天草に帰ってきました。

天草の電気店に嫁いでいる姉の店で働いていると、私が天草に帰って来たのを喜んでくれた男性がいました。彼とは小・中学校の同窓生で、お互いに結婚を考えていました。彼は無口で、一本気な性格ですが、ときおり見せてくれる優しさにひかれたのです。

でも成人前でしたから、両家の親から結婚を反対されました。反対されると恋の炎は燃え上がり、駆け落ちまで考えたこともあります。やがて彼の両親が、私の両親に結婚の承諾を取りに来てくれ、二十五歳の時に両家の祝福を受け、晴れて結婚しました。

主人・良彦（60歳）は、長兄が経営する自動車修理工場で働き、私も結婚前と同じく姉の店で働きました。二人の間には、年子年子で四人の女の子が生まれました。子煩悩の主人は、仕事から帰ると子供を風呂に入れてくれました。

しかし、休みの日には主人はほとんど家にいません。主人はいそいそと釣りに出掛けてしまい、小学校入学前から二歳まで、四人の幼い子供を私一人で見るのです。休日ぐ

病気になった時、ご主人に「ハイ」が足りなかったと深く反省した。「今は手をつないで寝ています」と笑顔がいっぱい

らい家族と一緒に過ごしてほしいと切実に思いました。釣り上げた魚は食卓を飾りますから、感謝しなければいけませんが、私にはそれが出来ませんでした。「主人には釣りがあるけれど、私は子供の世話をしているだけで何の楽しみもない」と不満がつのり、主人と口をきくのも気が重くなるのでした。

不満と愚痴《ぐち》の毎日を過ごしていた私に、体に変調が起きました。昭和五十四年、出血が続いたので、検査を受けました。細胞をとって調べるなどすると、「子宮ガンです。手術をしましょう」とお医者さんから宣告されました。一瞬、金槌で頭をガーンと叩かれたようで、目の前が真っ暗になりました。

手術の予定日も決まりましたが、その前に生長の家総本山の練成会に参加したいと思いました。小学生の頃、両親につれられて誌友会に行って以来、私は生長の家が好きで、結婚する前には生長の家青年会*に入っていて、「練成会に行けば病気の不安や恐怖心から解放されるに違いない」と思ったからです。

主人も了解してくれ、その年の十二月の練成会に参加しました。講師のお話を一語一句かみしめるように、全身で聴きました。すると私の心に変化が起きてきました。

主人に感謝することを忘れていたことに気がついたのです。好きで一緒になった仲なのに、あんなにかわいい子供たちを与えてくれた主人なのに、私の我儘《わがまま》で釣り好きな主人を束縛して、一人で不平不満を言っていました。「ごめんなさい。お父さん」と手を合わせて詫《わ》びると、涙がとめどなく流れ、今までの自分を洗い清めるかのようでした。

さらに、「私は神様に生かされている神の子だから、病気を掴《つか》まないようにしよう。神様に全てをお任《まか》せしたから、もう不安や恐怖はない」と信じることが出来ました。

練成会から帰ると「お父さん、長いこと留守にして、ごめんなさい。お蔭《かげ》さまで元気に帰って来ました」と合掌して挨拶しました。

そして病院で再検査してもらうと、ガンが消えていたのです。お医者さんは半信半疑で不思議そうに首をかしげていましたが、とにかく、以前の検査でははっきりと現れていたガン細胞がなくなっていたのです。

再び癒される

元気になった私は、五十四歳まで姉の電気店に勤めたあと、自然食品と化粧品の訪問販売の仕事を始めました。その忙しさにかまけて、生長の家から少しずつ遠ざかっていました。ところが平成十年一月、生長の家副総裁・谷口雅宣先生が指導される「講習会」が熊本教区で開催されましたが、参加をつのるために一軒一軒訪問しておられた平田勝子さんと、お会いしたのです。平田さんのお誘いで、私は講習会に参加し、その後は、誌友会にも参加するようになりました。生長の家で救われた感謝の気持ちを遅ればせながら表現しようと、平成十三年十一月には白鳩会合津《あいつ》支部を結成し、生長の家の素晴らしさを伝えていこうと思いました。

そうした平成十四年六月二十日、私は訪問販売の講習会で熊本に行き、夜九時半頃に帰宅しました。主人のいる二階に「ただいま」と挨拶し、階下に降りてきて、食卓に手をかけた瞬間、頭に「ガーン」と衝撃がありました。思わず頭を抱え込み、「あれ、何だったのだろう」と思っていると、再び「ガーン」と衝撃がきました。

階段の下から大声で「お父さんちょっと来て！」と叫ぶと座り込みました。悲鳴のような私の声に慌《あわ》てた主人は、「どげんした」と駆け下りてきました。「どげんしたか、分からん。頭が割れるごとく痛か。病院へつれて行って」と頼みました。

私は、救急車の中で必死に「実相円満完全、実相円満完全。ありがとうございます、ありがとうございます」と、神様が創《つく》った本当の世界は完全円満であることを感謝する言葉を唱《とな》え続けていました。

病院ですぐ脳の造影撮影が始まり、手術を受けました。それからのことは全く覚えていません。お医者さんは主人に「病名は、くも膜下出血です。術後に半身不随か、言語障害が残るかもしれません。覚悟して下さい」と言ったそうです。

手術は四時間半もかかり、目が覚めると、四人の娘と、親類の人たちの顔がありました。みんな心配して駆けつけてくれたのです。一人一人と握手して「心配かけたね。ありがとう。ありがとう」とお礼を言いました。私は手も足も動くし、口もきけました。「すごいなあ。嬉しいな」と私は感激して、「神様ありがとうございます。ご先祖様ありがとうございます。私の手も足も、口もありがとうございます」と合掌して、お礼を言いました。

後から主人に聞いた話ですが、手術で頭を開いた瞬間に、動脈と動脈の間に出来た大きなコブがパーッと切れて、血が噴き出したそうです。幸い手術の最中で、血液は脳内に滞《とどこお》ることなく、素早く処置できたのでした。もし、私が熊本にいた時か、帰る途中であったら助かりませんでした。また、手術中だったからこんなに軽く済んだのです。

生長の家の松島地区の信徒の皆さんが、生長の家総本山に神癒祈願を出し、みんなで「実相円満誦行《しょうぎょう》」＊をして下さったことも、私の回復を助けてくれたようでした。

夫婦円満がしあわせ

入院中、主人は一日も休まず見舞いに訪れてくれました。そして、私の元気な顔を確認すると嬉しそうにうなずいていました。ただそれだけであたたかい気持ちが伝わりました。当初、集中治療室での二週間の安静を言いわたされていましたが、一週間目からテレビを観ても良いと許可が出ましたので、聖経『甘露の法雨』のカセットを四六時中まわして、一緒に声を出して読誦しました。そして、十日目には一般病棟に移してもらえました。私は「すでに神によって癒されている」と信じて、病気を掴《つか》まず、恐怖心や不安もありません。

一般病棟に移って二週間目には退院の許可が出ました。あまりに早いので、主人は心配し、長女が事務の仕事をしている病院に移って、少し萎《な》えた足の歩行訓練のリハビリを受けて、七月三十一日に退院しました。翌日、産土《うぶすな》の神社にお礼参りをしました。

「神様、今まで大変、お世話になりました。また一所懸命に愛行させていただきますから見守って下さい。ありがとうございます」と何回も何回も拝礼しました。

今、私は毎日、祈り、真理を学び、実践する生長の家の生活をしています。

主人が出掛ける時は、笑顔で「行ってらっしゃい」、帰って来た時は「お帰りなさい。お疲れさまでした」と握手しています。私の両親は他界していますが、生前は主人が親孝行してくれたので、私も、八十五歳で健在のお姑さんが、主人の長兄の家族と近くに住んでいて、よく私たちの家に来られますので「お姑《かあ》さん、お姑さん」と喜んで親孝行させてもらっています。

病気をしてから、散歩するのが楽しくなりました。家の近くの小さな運動場で一時間近くぐるぐるまわります。一人では退屈だろうと、主人が一緒に歩いてくれます。優しい気くばりが嬉しく、とても幸せなひとときです。

今考えると、以前の子宮ガンも平成十四年のくも膜下出血も、主人に感謝ができていなかったことが原因でした。そして、どちらも急速に治ることができたのは、生長の家の教えを学び、恐怖心を抱かず、感謝によって自然治癒力が高まったことによるのだと思います。

主人は、会社を六十歳の定年で退職しましたが、働き者ですから土木作業を手伝っています。昔のように釣りに行くことも少なくなり、休日は私と一緒に過ごしてくれています。時々「お前の手術の時、もしものことがあったら、どげんしようと思った」と話してくれます。あらためて好きで一緒になって良かったと、感謝しているのです。

私達の老後の生活はまだ先になると思いますが、静岡に住んでいる四女の夫が養子さんになってくれました。退職後は、私たちと一緒に天草に住んで面倒を見てくれるそうです。こんなに素晴らしい生活を与えてくれた主人にいつも言っています。

「生まれ変わってもあなたと結婚します」と――。

（平成十五年十月号　撮影／堀　隆弘）

＊生長の家青年会＝生長の家の青年男女を対象とし、生長の家の真理を学び実践する会。
＊実相円満誦行＝瞑目合掌して「実相円満完全」と繰り返し誦える宗教行。

●生長の家練成会案内

総本山……長崎県西彼杵郡西彼町喰場郷1567　☎0959-27-1155

　＊龍宮住吉本宮練成会……毎月１日～７日（１月を除く）

　＊龍宮住吉本宮境内地献労練成会……毎月７日～10日（５月を除く）

本部練成道場……東京都調布市飛田給2-3-1　☎0424-84-1122

　＊一般練成会……毎月１日～10日

　＊短期練成会……毎月第三週の木～日曜日

　＊光明実践練成会……毎月第二週の金～日曜日

　＊経営トップセミナー、能力開発セミナー……（問い合わせのこと）

宇治別格本山……京都府宇治市宇治塔の川32　☎0774-21-2151

　＊一般練成会……毎月10日～20日

　＊神の子を自覚する練成会……毎月月末日～５日

　＊伝道実践者養成練成会……毎月20日～22日（11月を除く）

　＊能力開発研修会……（問い合わせのこと）

富士河口湖練成道場……山梨県南都留郡富士河口湖町船津5088　☎0555-72-1207

　＊一般練成会……毎月10日～20日

　＊短期練成会……毎月月末日～３日

　＊能力開発繁栄研修会……（問い合わせのこと）

ゆには練成道場……福岡県太宰府市都府楼南５-1-1　☎092-921-1417

　＊一般練成会……毎月13日～20日

　＊短期練成会……毎月25日～27日（12月を除く）

松陰練成道場……山口県吉敷郡阿知須町大平山1134　☎0836-65-2195

　＊一般練成会……毎月15日～21日

　＊伝道実践者養成練成会……（問い合わせのこと）

○奉納金・持参品・日程変更等、詳細は各道場へお問い合わせください。

○各教区でも練成会が開催されています。詳しくは各教化部にお問い合わせください。

○海外は「北米練成道場」「ハワイ練成道場」「南米練成道場」等があります。

生長の家本部　〒150-8672　東京都渋谷区神宮前1-23-30　☎03-3401-0131　FAX03-3401-3596

教化部名	所　在　地	電話番号	FAX番号
静岡県	〒432-8011　浜松市城北2-8-14	053-471-7193	053-471-7195
愛知県	〒460-0011　名古屋市中区大須4-15-53	052-262-7761	052-262-7751
岐阜県	〒500-8824　岐阜市北八ッ寺町1	058-265-7131	058-267-1151
三重県	〒514-0034　津市南丸之内9-15	059-224-1177	059-224-0933
滋賀県	〒527-0034　八日市市沖野1-4-28	0748-22-1388	0748-24-2141
京　都	〒606-8332　京都市左京区岡崎東天王町31	075-761-1313	075-761-3276
両丹道場	〒625-0081　舞鶴市北吸497	0773-62-1443	0773-63-7861
奈良県	〒639-1016　大和郡山市城南町2-35	0743-53-0518	0743-54-5210
大　阪	〒543-0001　大阪市天王寺区上本町5-6-15	06-6761-2906	06-6768-6385
和歌山県	〒641-0051　和歌山市西高松1-3-5	073-436-7220	073-436-7267
兵庫県	〒650-0016　神戸市中央区橘通2-3-15	078-341-3921	078-371-5688
岡山県	〒703-8256　岡山市浜2-4-36（仮事務所）	086-272-3281	086-273-3581
広島県	〒732-0057　広島市東区二葉の里2-6-27	082-264-1366	082-263-5396
鳥取県	〒682-0022　倉吉市上井町1-251	0858-26-2477	0858-26-6919
島根県	〒693-0004　出雲市渡橋町542-12	0853-22-5331	0853-23-3107
山口県	〒754-1252　吉敷郡阿知須町字大平山1134	0836-65-5969	0836-65-5954
香川県	〒761-0104　高松市高松町1557-34	087-841-1241	087-843-3891
愛媛県	〒791-1112　松山市南高井町1744-1	089-976-2131	089-976-4188
徳島県	〒770-8072　徳島市八万町中津浦229-1	088-625-2611	088-625-2606
高知県	〒780-0862　高知市鷹匠町2-1-2	088-822-4178	088-822-4143
福岡県	〒818-0105　太宰府市都府楼南5-1-1	092-921-1414	092-921-1523
大分県	〒870-0047　大分市中島西1-8-18	097-534-4896	097-534-6347
佐賀県	〒840-0811　佐賀市大財4-5-6	0952-23-7358	0952-23-7505
長　崎	〒852-8017　長崎市岩見町8-1	095-862-1150	095-862-0054
佐世保	〒857-0027　佐世保市谷郷町12-21	0956-22-6474	0956-22-4758
熊本県	〒860-0032　熊本市万町2-30	096-353-5853	096-354-7050
宮崎県	〒889-2162　宮崎市青島1-8-5	0985-65-2150	0985-55-4930
鹿児島県	〒892-0846　鹿児島市加治屋町2-2	099-224-4088	099-224-4089
沖縄県	〒900-0012　那覇市泊1-11-4	098-867-3531	098-867-6812

●生長の家教化部一覧

教化部名	所　在　地	電話番号	FAX番号
札　幌	〒063-0829　札幌市西区発寒9条12-1-1	011-662-3911	011-662-3912
小　樽	〒047-0033　小樽市富岡2-10-25	0134-34-1717	0134-34-1550
室　蘭	〒050-0082　室蘭市寿町2-15-4	0143-46-3013	0143-43-0496
函　館	〒040-0033　函館市千歳町19-3	0138-22-7171	0138-22-4451
旭　川	〒070-0810　旭川市本町1-2518-1	0166-51-2352	0166-53-1215
空　知	〒073-0031　滝川市栄町4-8-2	0125-24-6282	0125-22-7752
釧　路	〒085-0832　釧路市富士見3-11-24	0154-44-2521	0154-44-2523
北　見	〒099-0878　北見市東相内町584-4	0157-36-0293	0157-36-0295
帯　広	〒080-0802　帯広市東2条南27-1-20	0155-24-7533	0155-24-7544
青森県	〒030-0812　青森市堤町2-6-13	017-734-1680	017-723-4148
秋田県	〒010-0023　秋田市楢山本町2-18	018-834-3255	018-834-3383
岩手県	〒020-0066　盛岡市上田1-14-1	019-654-7381	019-623-3715
山形県	〒990-0021　山形市小白川町5-29-1	023-641-5191	023-641-5148
宮城県	〒981-1105　仙台市太白区西中田5-17-53	022-242-5421	022-242-5429
福島県	〒963-8006　郡山市赤木町11-6	024-922-2767	024-938-3416
茨城県	〒312-0031　ひたちなか市後台字片岡421-2	029-273-2446	029-273-2429
栃木県	〒321-0933　宇都宮市簗瀬町字桶内159-3	028-633-7976	028-633-7999
群馬県	〒370-0801　高崎市上並榎町455-1	027-361-2772	027-363-9267
埼玉県	〒336-0923　さいたま市大字大間木字会ノ谷483-1	048-874-5477	048-874-7441
千葉県	〒260-0032　千葉市中央区登戸3-1-31	043-241-0843	043-246-9327
神奈川県	〒246-0031　横浜市瀬谷区瀬谷3-9-1	045-301-2901	045-303-6695
東京第一	〒112-0012　文京区大塚5-31-12	03-5319-4051	03-5319-4061
東京第二	〒182-0036　調布市飛田給2-3-1(仮事務所)	0424-90-5880	0424-90-5881
山梨県	〒406-0032　東八代郡石和町四日市場1592-3	055-262-9601	055-262-9605
長野県	〒390-0862　松本市宮渕3-7-35	0263-34-2627	0263-34-2626
長　岡	〒940-0853　長岡市中沢3-364-1	0258-32-8388	0258-32-7674
新　潟	〒951-8133　新潟市川岸町3-17-30	025-231-3161	025-231-3164
富山県	〒930-0103　富山市北代6888-1	076-434-2667	076-434-1943
石川県	〒920-0022　金沢市北安江1-5-12	076-223-5421	076-224-0865
福井県	〒918-8057　福井市加茂河原1-5-10	0776-35-1555	0776-35-4895